Van Gogh

Ilustraciones de Carmen Guerra

Vincent van Gogh

Pintor holandés, uno de los exponentes del posimpresionismo. Artista auténtico, su pasión nacía de la necesidad de crear. Jamás imaginó el alcance que llegaría a tener su obra.

Theo van Gogh

Era el hermano pequeño de Vincent. Fue galerista y marchante de arte, y cuidó siempre de su hermano, tanto moral como económicamente.

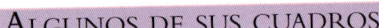

ALGUNOS DE SUS CUADROS

Los comedores de patatas

Esta obra de 1885 está considerada la obra cumbre de su primera etapa. Refleja la miseria y la desesperanza de la gente humilde.

Terraza de café por la noche

Recién trasladado a Arlés y en pleno frenesí impresionista, Vincent pintó este café cercano a la casa amarilla en 1888.

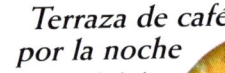

El dormitorio en Arlés

Uno de los cuadros más famosos del artista. De esta habitación, su dormitorio en Arlés, existen tres versiones casi idénticas, en las que juega con los colores primarios.

Jarrón con quince girasoles

A finales del verano de 1888 pintó varios cuadros de girasoles, con la intención de decorar la habitación de Gauguin en Arlés.

El viñedo rojo

De su fructífera época pintando en la Provenza francesa, en 1888, nació este cuadro posimpresionista, el único que vendió, gracias a su hermano.

Autorretrato con la oreja vendada

Tras el incidente en el que se cortó la oreja, van Gogh se autorretrató en 1889 con los tres colores primarios: rojo, amarillo y azul.

DIRECCIÓN EDITORIAL M.ª Jesús Díaz

TEXTO ORIGINAL José Morán
ADAPTACIÓN Estelle Talavera
REVISIÓN Isabel López
ILUSTRACIONES Carmen Guerra
DISEÑO Y EDICIÓN Estelle Talavera
DISEÑO DE COLECCIÓN José Delicado

© SUSAETA EDICIONES S.A.
C/ Campezo, 13 - 28022 Madrid
Tel.: 91 3009100
www.susaeta.com

D.L.: M-34834-MMHHill

Índice

Camino con ciprés y estrella, 1890

El artista incomprendido

Vincent van Gogh decidió ser pintor con 27 años, y lo fue de forma instintiva y visceral durante una década nada más, hasta su muerte a los 37 años.

«El loco del pelo rojo» jamás supo que llegaría a convertirse en uno de los pintores más grandes de la historia. No logró ni fama, ni dinero, ni reconocimiento en vida. Sin embargo, su particular forma de mirar el mundo, pasando por el prisma de su mente, a veces brillante, a veces enferma, hizo que su obra brillara y palpitara más allá de sus fronteras. Lamentablemente, en su época pocos supieron verlo.

Posimpresionismo y expresionismo

Aunque la obra de Van Gogh se considera posimpresionista, su estilo sirvió de base para el desarrollo posterior del expresionismo. Para él, el colorido sirve para poner de manifiesto el sentimiento: el amarillo es el color del optimismo y el amor, mientras que el rojo y el verde expresan las pasiones humanas.

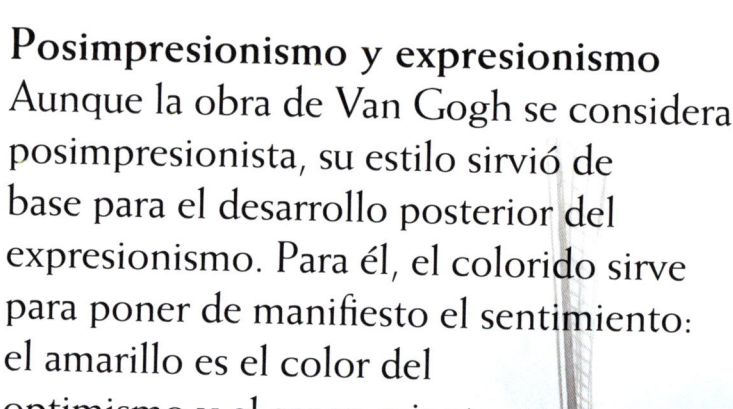

¿Qué es el expresionismo?

Esta vanguardia artística nació como reacción al impresionismo, donde todo parece positivo en un escenario natural. El expresionismo muestra la visión interior del artista, la «expresión», deformando la realidad, mostrándola de forma subjetiva. En general presenta colores violentos y poco fieles a la realidad. Suele mostrar soledad y cierta amargura.

Fama póstuma

A pesar de que hoy en día es raro que alguien no haya escuchado hablar de él, Vincent van Gogh jamás logró vivir de su arte. Es más, solo hay constancia de que vendió un cuadro; otros dos lienzos pasaron a manos de marchantes de arte, como su amigo francés Julien Tanguy (por lo que no eran ventas directas, sino por intermediarios), y únicamente recibió un encargo de doce dibujos a pluma. Nada más.

Infancia

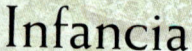

Su nombre completo era Vincent Willem van Gogh. Nació en Zundert, un pequeño municipio agrícola al sur de los Países Bajos, el 30 de marzo de 1853. Cuatro años más tarde nacía su hermano Theo, una figura muy importante a lo largo de su vida. También tuvo otros cuatro hermanos: Cornelius, Elisabetha, Anna Cornelia y Wilhelmina.

Sus padres, Theodorus, que era pastor protestante, y Anna Cornelia, le pusieron el mismo nombre que a su primer hijo, que nació muerto: Vincent.

Retrato de la madre del artista, 1888

Inicios

Vincent pintarrajeaba cuartillas de forma instintiva desde los 9 años. En sus años de escuela, recibió algunas clases de dibujo que constituyeron la primera semilla de su posterior vocación artística.

Era un niño muy introvertido y paseaba
a menudo a solas por el campo, en medio
de la naturaleza, entre árboles y pájaros.

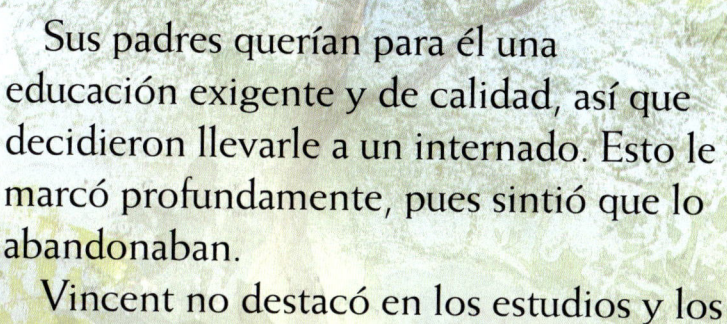

Sus padres querían para él una educación exigente y de calidad, así que decidieron llevarle a un internado. Esto le marcó profundamente, pues sintió que lo abandonaban.

Vincent no destacó en los estudios y los abandonó a los 15 años. Para él fueron años tristes, aunque al menos aprendió a hablar varios idiomas, lo que le resultaría muy útil más adelante.

Observador

El joven conocía todos los pájaros de los alrededores y sabía dónde anidaba cada uno. Su capacidad para fijarse en los detalles le sería útil a la hora de pintar. Jamás olvidaría la belleza de los paisajes de su niñez.

Juventud

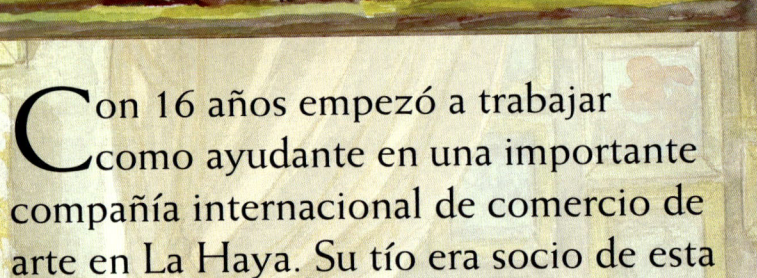

Con 16 años empezó a trabajar como ayudante en una importante compañía internacional de comercio de arte en La Haya. Su tío era socio de esta empresa y allí trabajó durante cuatro años. Fue una época relativamente feliz para Vincent, durante la cual aprendió mucho.

Como se le daban bien las ventas, en 1874 fue ascendido y trasladado a Londres para suministrar obras de arte a los comercios de la ciudad.

La capital londinense y su vida cultural le cautivaron. En sus ratos libres visitaba museos y galerías de arte, y estudiaba con interés el estilo de maestros de la talla de Rembrandt. También leía sin parar a escritores como Charles Dickens y George Eliot.

Políglota

A Vincent se le daban bien los idiomas. Hablaba con fluidez el francés, el alemán y el inglés, además de su idioma natal, el neerlandés.

Cambios profundos

Al principio todo fue bastante bien en Londres, pero poco a poco algo empezó a torcerse. Se enamoró de la hija de su casera, quien no le correspondió, y empezó a tener fuertes cambios de humor y un repentino fervor religioso.

En 1875 le trasladaron a París, con la esperanza de que mejorara, pero empeoró: discutía con sus jefes, desatendía a los clientes, se iba a ver museos en su horario de trabajo... Así que terminaron por despedirle.

Enajenado

El despido pareció no importarle. Por aquel entonces vivía enajenado y todo parecía indicar que estaba perdiendo la cordura.

Pastor protestante

En 1877 se trasladó
a Ámsterdam con
intención de estudiar
Teología, pero lo dejó
poco después. Acto
seguido quiso estudiar
para misionero, pero
decidió abandonarlo
todo y marcharse a
unas minas de carbón en Bélgica a predicar
a los mineros y cuidar a los enfermos.

Y fue precisamente allí donde Vincent
empezó a dibujar de forma más constante,
retratando a las familias mineras.

Poco después, las autoridades
eclesiásticas le relevaron de su tarea,
pues su fanatismo asustaba a la gente.
Van Gogh tuvo que irse. Deprimido y
con sensación de derrota, se encerró
en una cabaña en Cuesmes, al sur de
Bélgica, donde se dedicó a escribir
y dibujar.

El gusanillo de la pintura

Tras su época entre los mineros, Van Gogh comenzó a estudiar arte de forma autodidacta con ayuda de libros especializados. Esa nueva pasión por la pintura le ayudó a mantener cierta estabilidad emocional.

Época de encierro y renacimiento

Se encerró durante meses en la vieja cabaña. Reproducía textos de la Biblia, oraba y dibujaba sin cesar. Con el tiempo, recuperó la ilusión. Escribió a su hermano Theo: «He vuelto a coger el lápiz, he vuelto a dibujar, y todo se ha transformado para mí. Soy un hombre feliz por poseer una caja de colores».

Amores imposibles

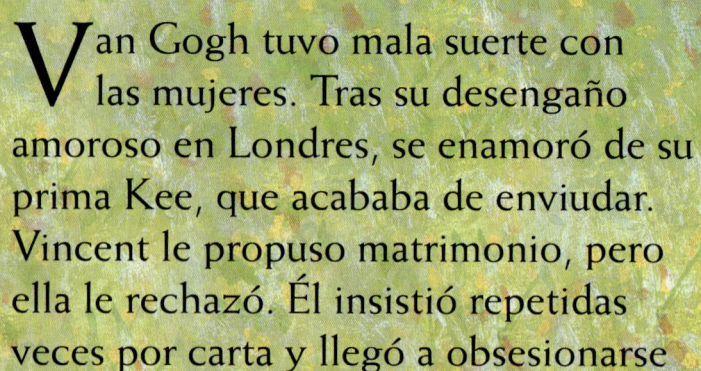

Van Gogh tuvo mala suerte con las mujeres. Tras su desengaño amoroso en Londres, se enamoró de su prima Kee, que acababa de enviudar. Vincent le propuso matrimonio, pero ella le rechazó. Él insistió repetidas veces por carta y llegó a obsesionarse con ella, a pesar de sus negativas.

Viajó a Ámsterdam, a la casa de sus tíos, los padres de su amada Kee, pero su tío no le dejó verla.

Este describiría su insistencia como «asquerosa». Van Gogh, enloquecido, llegó a poner la mano sobre la llama de una vela, amenazando con no retirarla del fuego hasta hablar con ella. Aun así, no logró su objetivo.

Poco tiempo después, coincidiendo con la época en la que Vincent vivió en La Haya, conoció a Sien, una prostituta con problemas de alcoholismo y madre de una hija de 5 años. Convivieron un año. Ante el escándalo que esto generó en su familia, Vincent dijo: «Somos dos seres desgraciados que se ayudan mutuamente».

Margot, un amor correspondido

En 1884 conoció a Margot, una mujer doce años mayor que él. Por la diferencia de edad, la familia se opuso a la boda entre ambos. Margot, desesperada, trató de suicidarse.

Comienzo tardío

Sus comienzos en la pintura fueron tardíos pero intensos. Una vez que decidió pintar, se dedicó a ello de lleno. Y siempre por pasión, pues solo tuvo un encargo en su vida.

Las primeras obras de calidad datan de 1885. Una de las más representativas es *Los comedores de patatas*.

Los comedores de patatas, 1885

Retrataba a gente humilde trabajando el campo.

Dos campesinas recogiendo turba, 1883

Campesina, retrato de Gordina de Groot, 1885

Campesinas cultivando patatas, 1885

Renovación artística

Theo estaba constantemente informado de lo que pintaba Vincent, pues este siempre le escribía largas cartas con bocetos, contándole sus avances. Cuando Theo vio sus cuadros del campo, se dio cuenta de que su obra no era nada comercial y le animó a mudarse a París, donde florecía el impresionismo.

Su hermano Theo le mantenía económicamente. Tras malvivir varios años en Ámsterdam, La Haya, Drenthe y Amberes, y cansado de dar tumbos sin hogar fijo, en 1886 se trasladó a casa de su hermano, que entonces vivía en París.

París y el impresionismo

Hasta su llegada a la capital francesa, sus pinturas eran apagadas, tristes y de tonos oscuros. Por aquel entonces, París bullía con la llegada del impresionismo. Los adeptos de esta corriente trataban de captar los efectos momentáneos de la luz y los colores con formas vagas y pinceladas muy evidentes. Van Gogh descubrió la luz y el color del impresionismo.

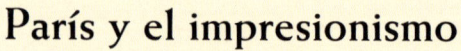

Pintores como Millet, Toulouse-Lautrec, Daumier, Pissarro y el japonés Hokusai fueron fuente de inspiración para el artista, que dio un giro de 180 grados a su pintura y fue creando, poco a poco, su particular estilo, el del Van Gogh que conocemos.

Bohemia
En las interminables tertulias nocturnas Vincent conoció a Paul Gauguin, que se convirtió en gran amigo. Fueron noches de alcohol, tabaco y excesos.

Arlés y la casa amarilla

En 1888, harto de lo caro que resultaba vivir en París y del incesante ajetreo, decidió mudarse a un lugar tranquilo. Eligió Arlés, un pueblecito de la Provenza, al sur de Francia, donde alquiló la que sería su famosa «casa amarilla». En ella pintó, en poco más de un año, unos 300 cuadros, entre ellos algunos de los mejores, como *El dormitorio en Arlés* o *Terraza de café por la noche*.

El sueño de Vincent era crear una comunidad de pintores; vivirían en la casa amarilla, creando sin cesar, compartiendo opiniones y experiencias. Para ello animó a venir a muchos amigos, pero solo se presentó Paul Gauguin.

El puente Langlois en Arlés, 1888

Retratos a conocidos
A su época en Arlés corresponden
algunos retratos de las personas que
frecuentaba, entre ellas el cartero Joseph
Roulin (a quien pintó seis veces), con
quien trabó amistad, pues Vincent solía
recibir cartas de sus amigos.

También realizó numerosos retratos de Marie Julien Ginoux, la arlesiana. Ella y su marido eran los dueños del Café de la Gare, donde Vincent cenaba a menudo. La arlesiana también fue retratada a carboncillo por Paul Gauguin al mismo tiempo que Vincent pintaba un retrato a todo color de ella.

Vincent dijo: «Me gustaría pintar hombres y mujeres con ese algo eterno que el halo solía simbolizar, y que buscamos por el resplandor mismo, por la vibración de nuestros colores».

Retratadas
Muy pocas mujeres posaron para Vincent. En general no querían hacerlo.

La famosa habitación de Vincent

Van Gogh pintó tres versiones casi idénticas de su cuarto en la casa amarilla.

A través del simbolismo de los colores, el pintor quería transmitir la tranquilidad y la simplicidad de un lugar tan común como puede ser un dormitorio.

De ella escribió a su hermano: «Solo el color tiene que hacerlo todo, dando un estilo grandioso a los objetos con su simplificación, llegando a sugerir un cierto descanso o sueño. [...] al ver la composición dejamos de pensar e imaginar».

El dormitorio en Arlés, 1888

La silla de Van Gogh, 1888

El estudio de los girasoles

Gauguin accedió a reunirse con Vincent en la casa amarilla, sobre todo impulsado por Theo, que era galerista y marchante de Gauguin. Paul tenía muchas deudas económicas, y Theo las saldó todas.

Vincent, a la espera de la llegada de Paul, decoró a conciencia su futura habitación. De esta época, agosto de 1888, son los famosos girasoles del pintor. El artista hizo todo un estudio de estas flores y de su simbolismo, combinando la meticulosidad de estas con el desorden y el caos de las hojas, mediante una aplicación pastosa y expresiva del color.

Jarrón con quince girasoles, 1888

¿Por qué el girasol?

En Holanda la tradición del bodegón estaba muy extendida; sin embargo, nunca se representaba el girasol, pues se consideraba una flor tosca. A Vincent le gustaba mucho, pues le parecía una flor sencilla, alegre y de aspecto silvestre. Para él, toda la serie de los girasoles suponía consolidar un conjunto armónico contrastando colores cálidos con fríos; de ahí tanta combinación de amarillo y azul, colores complementarios.

Paul Gauguin y la difícil convivencia

Gauguin llegó en octubre de 1888 a la casa amarilla. Ambos tenían un carácter fuerte, pero los dos primeros meses lograron convivir e incluso disfrutar de crear juntos. A Vincent le gustaba cómo su compañero combinaba los colores. Y Paul admiraba la capacidad de trabajo de Van Gogh.

A menudo pintaban en exteriores y cada uno añadía su particular visión a la hora de retratar el mismo lugar, como es el caso de *La avenida de los Alyscamps*, donde Vincent volvió a jugar con el poderoso contraste entre el amarillo de los árboles y el verde-azul del cielo.

El viñedo rojo, 1888

¡Vendido!

El único cuadro que Van Gogh vendió, a través de su hermano Theo, fue *El viñedo rojo*, por 400 francos.

La avenida de los Alyscamps, 1888

Locura y soledad

La tarde del 23 de diciembre de 1888, ambos pintores tuvieron un fuerte altercado. Hay muchas teorías acerca de lo que pudo llevarles a tal enfado y otras tantas de lo que realmente ocurrió a continuación. Al parecer, Vincent se automutiló una oreja. ¿O pelearon y Gauguin se defendió? Nadie puede saberlo a ciencia cierta pero, por la biografía del francés, se cree que van Gogh, movido por un momento de enajenación mental, se la cortó a sí mismo con una navaja barbera.

Gauguin llamó a la policía. Los agentes encontraron al herido desmayado.

Autorretrato con la oreja vendada, 1889

45

Gauguin

Gauguin se marchó esa misma noche a París. Él y Vincent jamás volvieron a verse.

Diagnóstico

Vincent estuvo ingresado catorce días. El médico que le atendió le diagnosticó un principio de esquizofrenia y le pidió que dejara el alcohol. Sufría insomnio, alucinaciones, angustia, pánico y depresión.

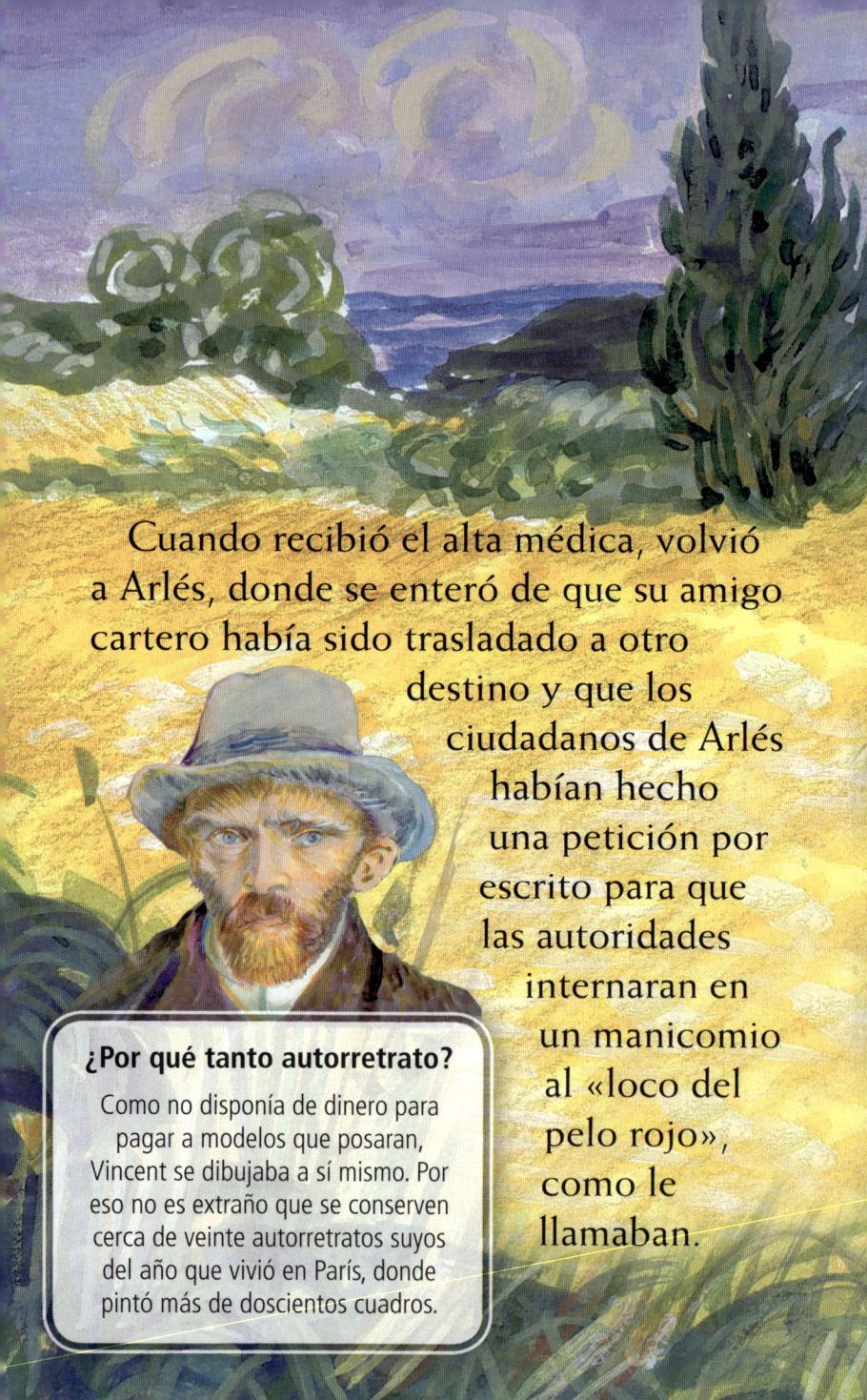

Cuando recibió el alta médica, volvió a Arlés, donde se enteró de que su amigo cartero había sido trasladado a otro destino y que los ciudadanos de Arlés habían hecho una petición por escrito para que las autoridades internaran en un manicomio al «loco del pelo rojo», como le llamaban.

¿Por qué tanto autorretrato?

Como no disponía de dinero para pagar a modelos que posaran, Vincent se dibujaba a sí mismo. Por eso no es extraño que se conserven cerca de veinte autorretratos suyos del año que vivió en París, donde pintó más de doscientos cuadros.

Autorretrato sin barba

Van Gogh pintó este cuadro en 1889. Se cree que pudo ser su último autorretrato, aunque no hay consenso entre los críticos. El pintor se lo regaló a su madre por su cumpleaños.

Entre las paredes de Saint Rémy

Cuatro semanas después del alta, volvió a ser ingresado en el hospital, pues tenía síntomas de manía persecutoria y se imaginaba que le querían envenenar.

Fueron numerosas las entradas y salidas del sanatorio. Sus momentos de paz mental parecían ser cada vez más escasos.

Finalmente, y de forma voluntaria, ingresó en un hospital psiquiátrico en Saint Rémy de Provence, a unos 30 km de Arlés. Era el 8 de mayo de 1889. Desde su ventana se veía lo que acabaría reflejado en uno de sus cuadros más bellos: *La noche estrellada*, con sus característicos remolinos envolviendo las estrellas en un cielo irreal.

Los cipreses

Desde las ventanas del sanatorio de Saint Rémy, Vincent divisaba los largos cipreses que tantas veces dibujó.

La familia

Por aquel entonces, Theo acababa de casarse con Johanna Gezina Bonger en Ámsterdam y podía dedicar menos tiempo a su hermano, algo que afectó profundamente a Vincent, a pesar de que seguía disfrutando de su apoyo económico, como lo había hecho siempre.

La pareja se mudó a París y allí, en enero de 1890, nació su único hijo, al que llamaron como él: Vincent Willem.

Johanna

Johanna, o «Jo», como gustaba que la llamaran, siempre confió en el valor de la obra de su cuñado. La pareja sentía un sincero afecto por Vincent, y les preocupaba mucho su estabilidad.

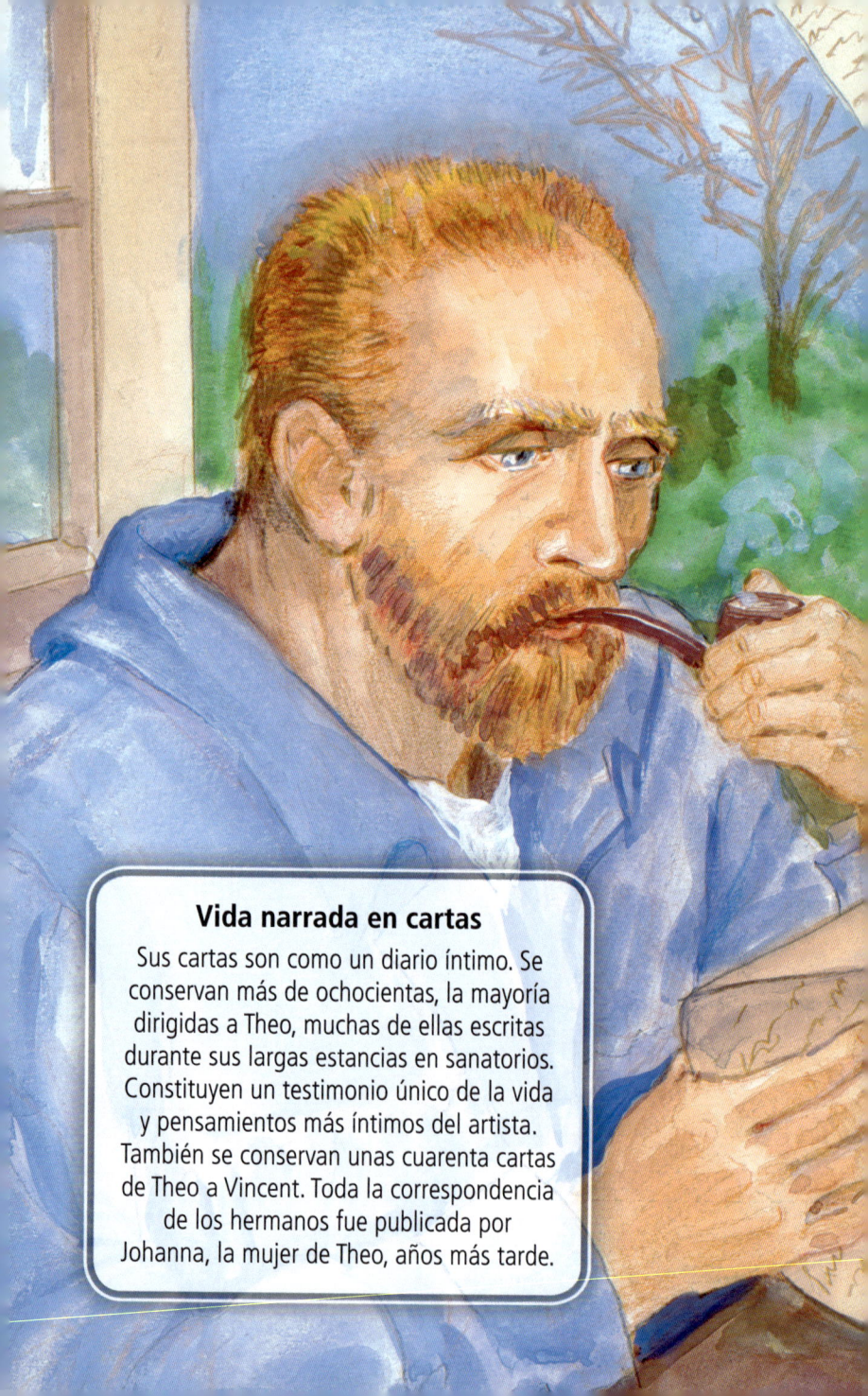

Vida narrada en cartas

Sus cartas son como un diario íntimo. Se conservan más de ochocientas, la mayoría dirigidas a Theo, muchas de ellas escritas durante sus largas estancias en sanatorios. Constituyen un testimonio único de la vida y pensamientos más íntimos del artista. También se conservan unas cuarenta cartas de Theo a Vincent. Toda la correspondencia de los hermanos fue publicada por Johanna, la mujer de Theo, años más tarde.

Pintar sin descanso en la Provenza

En el sanatorio psiquiátrico de Saint Rémy, donde permaneció mucho tiempo, mejoró considerablemente. Pintaba los paisajes de la campiña francesa con trazos muy vivos, nerviosos, de puro movimiento y ondulación.

Si hacía mal tiempo o no se encontraba con fuerzas, pintaba dentro del sanatorio, ya fuera lo que veía entre sus paredes o en el claustro, con sus pinos y cipreses.

Sin embargo, esos días de calma se veían de vez en cuando interrumpidos por episodios de crisis, en los que llegó a expresar su intención de quitarse la vida ingiriendo pintura y aguarrás.

Para evitar cualquier intento de suicidio, le retiraron los materiales con los que pintaba, pero no tardaron en devolvérselos al darse cuenta de que, sin pintar, su situación se desestabilizaba por completo. Su estado mental mejoraba trabajando.

La vida del pintor era un tormento, y esto preocupaba enormemente a su hermano Theo.

Por aquellos días, este presentó algunas obras de Vincent a varias exposiciones colectivas y vendió uno de sus cuadros: *El viñedo rojo*, por el que la hermana de un poeta amigo de Van Gogh pagó 400 francos. Es el único cuadro del que se tiene constancia que vendió en su vida. En 1882 había recibido su primer y único encargo: doce dibujos a pluma.

Auvers y el trágico final

Aprincipios de mayo de 1890, animado por las exposiciones en las que había

¡Un cuadro al día!

Van Gogh pintó 70 pinturas y 30 dibujos en los 70 días que vivió en Auvers, lo que supone un cuadro diario como mínimo. Su creatividad allí fue vertiginosa.

participado y tras meses sin sufrir
ninguna crisis, decidió salir del
sanatorio, con el visto bueno de los
médicos. Se instaló en un pequeño
pueblo al norte de París, Auvers, bajo
los atentos cuidados del que llegaría a
convertirse en un buen amigo, el
doctor Paul Gachet, que le visitaba
con frecuencia. De él y
de su familia pintaría
varios retratos.

Último cuadro

El 27 de julio de 1890, salió a pintar por los alrededores de Auvers. Regresó herido de muerte, pues supuestamente se había disparado en el estómago. Falleció dos días después. Le acompañaban Theo y el doctor Gachet. Tenía 37 años.

¿Suicidio o encubrimiento?

Al parecer, en Auvers vivía un muchacho de 16 años llamado René, conocido del pintor, que solía disfrazarse de vaquero y empuñar una vieja pistola. Según algunos investigadores, se le podría haber disparado sin querer, y Vincent nunca lo confesó por librar al chico de la cárcel.

Último cuadro
Pocos días antes de morir, Vincent pintó *Campo de trigo con cuervos*, su última obra.

Campo de trigo con cuervos, 1890

Estos cuervos que, espantados por la tormenta, abandonan el trigal en bandada, representan su tristeza y su soledad extremas.

ICI REPOSE
VINCENT van GOGH
———
1853-1890

Su hermano, enfermo y profundamente desolado por el fallecimiento de Vincent, murió tan solo medio año después. Sus restos reposan juntos en el cementerio de Auvers.

La viuda de Theo, Johanna, heredó los cuadros de Vincent. A pesar de que a nadie le interesaban, ella decidió apostar por él y organizar exposiciones.

Legado

Se calcula que Vincent van Gogh pintó más de 2.100 obras: 860 óleos y unas 1.300 acuarelas, dibujos y bocetos.

Algunas de sus frases más célebres fueron:

«Quiero conmover a la gente con mi arte. Quiero que digan: "Él siente profunda y tiernamente"».

«Sueño con pintar y luego pinto mis sueños».

«Cuando siento una necesidad de religión, salgo de noche y pinto las estrellas».

«Dibujar es luchar por atravesar un invisible muro de hierro que parece alzarse entre lo que sientes y lo que eres capaz de hacer».

«El arte es para consolar a los que están quebrantados por la vida».

«Si escuchas una voz en tu interior que dice "no puedes pintar", entonces pinta por todos los medios y esa voz será silenciada».

«Puse mi corazón y mi alma en mi trabajo, y he perdido mi mente en el proceso».

«Me parece absurdo que los hombres quieran parecer otra cosa que lo que son».

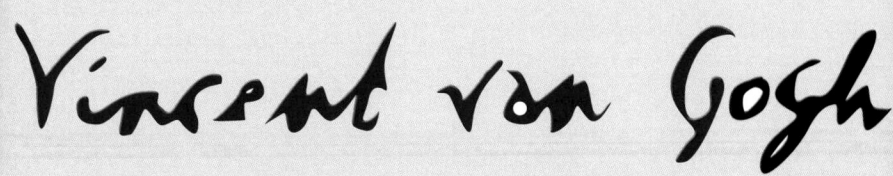

Vincent van Gogh

Vincent van Gogh

Vincent Willem van Gogh (Zundert, Países
Bajos,1853 - Auvers-sur-Oise, Francia, 1890)
fue un pintor holandés, una de las figuras
más destacadas del posimpresionismo y el
expresionismo. Fue un artista incomprendido
y atormentado por su inestabilidad mental y su
insoportable soledad. Sus pinceles se movieron
entre varias corrientes vanguardistas, desde el
impresionismo y el puntillismo al expresionismo,
pero logró ir más allá y no encasillarse en ninguna
escuela, abriendo por sí mismo nuevos caminos.
El reconocimiento de su obra no empezó hasta
un año después de su muerte, a raíz de una
exposición retrospectiva organizada por el Salón
de los Independientes. Su producción ejerció una
influencia decisiva en todo el arte del siglo XX,
especialmente en el fauvismo y el expresionismo.

CONTEXTO HISTÓRICO

Van Gogh vivió en la segunda mitad del siglo XIX entre los Países Bajos y Francia.

Fue contemporáneo de importantes movimientos artísticos de aquella época, como el impresionismo y el posimpresionismo, corrientes nacidas de una necesidad de romper con los cánones artísticos clásicos imperantes hasta aquel momento, a raíz de los grandes cambios sociales provocados por la crisis del Antiguo Régimen, con sus grandes procesos revolucionarios.

Van Gogh fue testigo del auge de la Revolución Industrial y los cambios sociales, económicos y tecnológicos que trajo consigo. La conciencia social sufrió cambios a raíz de movimientos sociales tales como el feminismo, el abolicionismo y la lucha por los derechos civiles. Las clases sociales experimentaron grandes cambios.

Económicamente, Europa estaba viviendo un momento de auge como consecuencia de la expansión industrial y el crecimiento de las ciudades. El arte, en este contexto, tenía una mayor presencia y movilidad. Francia, por aquel entonces, era un núcleo cultural potente, en el que florecían galerías de arte, exposiciones, mecenas, revistas y tertulias.

Por otro lado, sin embargo, en lo referente a las enfermedades mentales, la sociedad aún no estaba demasiado adelantada, motivo por el cual Van Gogh sufrió rechazo e incomprensión.

LEER CON SUSAETA

Nivel 0. Aprendo a LEER

1. Los bebés de los animales • 2. El patito feo • 3. Cenicienta
4. El lobo y los siete cabritillos • 5. El burrito Platero • 6. El león valiente
7. El ratón y el gato • 8. Los vikingos • 9. Los tres Reyes Magos • 10. Aventura en la selva
11. Un dinosaurio despistado • 12. La granja del abuelo • 13. El unicornio Rayo de Luna
14. El ratoncito Pérez • 15. Un dinosaurio en el súper • 16. Un dinosaurio en el cole
17. El elefante bombero • 18. El cerdito cocinero • 19. Matías el granjero
20. El conejito jardinero • 21. El gorila perezoso • 22. La ardilla optimista
23. El conejito glotón • 24. El elefante generoso • 25. Búho, el mejor profesor
26. El oso Doctoroso • 27. El dinosaurio se disfraza
28. Un dinosaurio en el parque de atracciones • 29. El dinosaurio quiere ser pirata
30. El dinosaurio quiere ser artista • 31. El flautista de Hamelin • 32. La ratita presumida
33. El secreto del ratoncito Pérez • 34. ¿Qué le pasa al ratoncito Pérez?
35. Los Reyes Magos • 36. Papá Noel y la Navidad • 37. El dragón bombero
38. El soldadito de plomo • 39. El circo de los unicornios
40. Lola y su poni. Historia de una amistad • 41. El tigre y los colores

Nivel 1. Empiezo a LEER

1. Animales de la granja • 2. Fiesta de brujas • 3. Castillos de miedo
4. Historias de ogros • 5. Historias de ponis • 6. El porqué de los animales
7. El porqué del cuerpo humano • 8. Adivina adivinanza • 9. Caperucita Roja
10. Pulgarcito • 11. La bella durmiente • 12. Los tres cerditos
13. Fábulas de animales • 14. Historias de Hadas y Princesas • 15. El mago de Oz
16. Historias del Arca de Noé • 17. Animales viajeros • 18. El mundo de los osos
19. Peter Pan • 20. Mi mascota el dinosaurio • 21. Piratas • 22. Simbad el marino
23. Un dragón en casa • 24. Bambi • 25. La casita de chocolate
26. El gato con botas • 27. Aladino • 28. Aventura en el bosque mágico
29. La princesa y su poni en busca de la primavera • 30. La cigarra y la hormiga
31. La gallina de los huevos de oro • 32. La liebre y la tortuga
33. Ratón de campo, ratón de ciudad • 34. Mi bicicleta Lota • 35. Ricitos de Oro
36. El mago Merlín • 37. El zorro y la cigüeña • 38. El congreso de los ratones
39. El cuervo y el zorro • 40. La lechera y el cántaro de leche • 41. El lobo y el cabrito
42. El pastor mentiroso • 43. El zorro y las uvas

Nivel 2. Ya sé LEER

1. Historias de dragones • 2. Caballeros medievales • 3. El libro de la selva • 4. Pinocho
5. La sirenita • 6. Las princesas bailarinas • 7. La Bella y la Bestia • 8. Blancanieves
9. Cuentos españoles • 10. El Cid Campeador • 11. El mundo de los tiburones
12. Los mejores chistes • 13. El mundo de los dinosaurios • 14. Historias de aviones
15. Nuestros amigos los perros • 16. Historias de barcos • 17. Historias de trenes
18. Historias de coches • 19. Historias de la Biblia • 20. Las plantas • 21. Egipto
22. La vida en la Antigua Grecia • 23. La vida en la Antigua Roma
24. Historias de unicornios • 25. Descubre los insectos • 26. El sistema solar
27. Fábulas de Esopo • 28. Cuentos de Navidad • 29. Antología de poesía para niños
30. Desastres naturales • 31. Historias de gnomos • 32. El mundo de las hadas
33. El gato que caminaba solo • 34. Fábulas de La Fontaine • 35. La pequeña ballena azul

Nivel 3. La aventura de LEER

1. La isla del tesoro • 2. El lazarillo de Tormes • 3. Las aventuras de Tom Sawyer
4. Mujercitas • 5. Sandokán • 6. La vuelta al mundo en 80 días